Damodar Paralkar
(Raja)

Halt die Unendlichkeit fest
Hold onto the Infinity

Damodar Paralkar
(Raja)

Halt Die Unendlichkeit Fest

Hold Onto The Infinity

Gedichte über die ewige Liebe
Poems on infinite Love

Bibliographische Informationen der Deutschen Nationalbibliothek:
Die Deutsche Nationalbibliothek verzeichnet diese Publikation in der Deutschen Nationalbibliografie, detaillierte bibliographische Daten sind im Internet über dnb.d-nb.de abrufbar

ISBN: 9783754342343

Herstellung und Verlag:
BoD - Books on Demand, Norderstedt

Umschlag:
Dilip Shiwalkar, Mumbai und Robin Paralkar, München

Illustrationen im Buch:
Dilip Shiwalkar und Vinay Chandorkar, Mumbai

Lektorat:
Hans Deuring, München

Für

s i e

For

h e r

Ein Zitat von John Keats

"Ich würde gern Tücher
unter deinen Füßen legen:
Aber ich bin arm,
habe nur meine Träume.
Deshalb lege Ich sie unter deinen Füßen;
Tritt bitte sanfter,
denn du trittst auf meinen Träumen."

— John Keats

John Keats (31. Oktober 1796 – 23 Februar 1821) war
der größte Romantiker des Mittelalters

A Quote by John Keats

"I would spread the cloths under your feet:
But I, being poor,
have only my dreams.
I lay them at your feet.
Tread lightly, for you tread on my dreams."

— John Keats

John Keats (31 October 1795 – 23 February 1821) was
the greatest romantic of the middle age.

Ein paar Gedanken

Es gibt auf der Erde die Liebe in Hülle und Fülle.

Man muss diese nur empfangen können.

Alle Lebewesen in dem Universum können, Liebe empfangen und auch geben können.

Es war mir eine Ehre Prof. Dr. Hand-Peter Dürr in München kennenzulernen. Er war Physiker und alternativen Nobelpreisträger. Er sagte mir damals:

"Die Welt ist aus Herzen gemacht
Herzen, die miteinander in Beziehung stehen
Es gibt ein Beziehungsgefüge
im ständigen Wandel,
mit der Lebendigkeit."

Das nenne ich einfach ewige Liebe.

Just few thoughts

There is a plenty of love in this world.

You just have to be able to receive it.

All living beings in the universe can receive and also give the love.

It was an honour for me to get to know Prof. Dr. Hans-Peter Dürr in Munich. He was a physicist and an alternative Nobel Prize winner. He said to me then:

"The world is made of hearts
Hearts that are related to each other
There is a structure of relationships
That is in constant change,
With the vast Liveliness"

That is simply the infinite Love for me.

Inhalte

Halt die Unendlichkeit in Deinen Händen

Wenn ein Sandkörnchen
  die Sandwüste zusammenhalten kann

Wenn ein Regen-Tröpfchen
  die Ozeane durcheinander wühlen kann

Wenn ein Funken
  Blitz, Donner, Tornados machen kann

Dann halte bitte
  die Unendlichkeit
  in Deinen Händen,
  denn meine Liebe zu Dir
  ist unendlich
Ja, so sehr unendlich.

Augsburg, am 04. Juli 2021 um 18:15

Hold onto the infinity in your hands

When a small grain of sand
    Can hold together the sand-deserts

When a small rain drop
    Can shake through the oceans

When a small sparkle
    Can make lightning, thunders and tornados

Then hold the
    Infinity in your hands
    For my love is infinite
Yes very infinite

Augsburg on 4th of July 2021 at 18:30 p.m.

Traumfänger

Ich bin ein Traumfänger
    sammele verlorene Träume
    sammele vergessene Träume
Ich habe viele davon,
    denn ich bin ja ein Traumfänger

Sehe ich kleine Äugelein
    traurige Augen mit Tränen
    blasse Augen, hilflose Augen
denen schenke ich ein paar davon,
    denn ich bin ja ein Traumfänger

Ja, ich bin ein Traumfänger
    sammele verlorene Träume
    sammele vergessene Träume
Ich habe viele davon,
    denn ich bin ja ein Traumfänger

Kinder, die Zukunft von Morgen
    aber Traurigkeit von heute
    suchen Träume von gestern
denen schenke ich ein paar davon,
    denn ich bin ja ein Traumfänger

Ja, ich bin ein Traumfänger
    sammele verlorene Träume
    sammele vergessene Träume
Ich habe viele davon,
    denn ich bin ja ein Traumfänger

Dream Catcher

I am a dream catcher
　　I collect lost dreams
　　I collect forgotten dreams
I have lots of them,
　　For I am a dream catcher

When I see small eyes
　　Sad eyes with tears
　　Pale eyes, helpless eyes
I give them few of these dreams,
　　For I am a dream catcher

Yes, I am a dream catcher
　　I collect lost dreams
　　I collect forgotten dreams
I have lots of them,
　　For I am a dream catcher

Children, future of tomorrow
　　But sadness of today
　　Looking for dreams of yesterday
I give them few of these dreams,
　　For I am a dream catcher

Yes, I am a dream catcher
　　I collect lost dreams
　　I collect forgotten dreams
I have lots of them,
　　For I am a dream catcher

Ja, ich bin ein Traumfänger
   sammele verlorene Träume
   sammele vergessene Träume
Ich habe viele davon,
   denn ich bin ja ein Traumfänger

Weinet nicht
   auch ich bin manchmal traurig
   suche ich dann meine verlorenen Träume
   suche ich dann meine vergessenen Träume
Euch schenke ich ein paar davon,
   denn ich bin ja ein Traumfänger

Ja, ich bin ein Traumfänger
   sammele verlorene Träume
   sammele vergessene Träume
Ich habe viele davon,
   denn ich bin ja ein Traumfänger

Überarbeitet am 15. August 2021 in Augsburg

Yes, I am a dream catcher
    I collect lost dreams
    I collect forgotten dreams
I have lots of them,
    For I am a dream catcher

Cry not,
    I am also sad many a times
    Then I look for my lost dreams
    Look for my forgotten dreams
I give you few of these dreams,
    For I am a dream catcher

Yes, I am a dream catcher
    I collect lost dreams
    I collect forgotten dreams
I have lots of them,
    For I am a dream catcher

Revised on 15th of August 2021 in Augsburg

Unsere Liebe für immer und ewig

"Bridge over troubled Waters"
    Von Simon & Garfunkel
Sie sagte, das ist unser Lied,
    Das ist unsere CD
Ich war so überwältigt,
    Keine Worte mehr

"Sound of Silence"
    Von Simon & Garfunkel
Ich sagte, ich bin immer für Dich da
    Nehme Dir Deine Sorgen weg
Sie war so überwältigt,
    Keine Worte mehr

Meine Mutter sagte
    Nichts ist für die Ewigkeit
Menschen sterben,
    aber die Liebe nicht,
    die Liebe bleibt bis in der Ewigkeit
Ja, die Liebe bleibt bis in der Ewigkeit

Die CD habe ich nicht mehr
    auch die Brücke gibt es nicht mehr
Aber meine Liebe für Dich stirbt nie
    auch Deine Liebe für mich stirbt nie
Das beruhigt mich sehr
    Das tröstet mich

Augsburg am 09.08.2020 um 11:30

Our Love eternal and forever

"Bridge over troubled Waters"
    From Simon & Garfunkel
She said that is our song
    That is our CD
I was so overwhelmed,
    No words any more

"Sound of Silence"
    From Simon & Garfunkel
I said I'm always there for you
    Take your worries away
She was so overwhelmed,
    No more words

My mother said
    Nothing is forever
People die
    But love not
Love lasts forever,
    Yes, the love lasts forever

I don't have the CD anymore
    The bridge also exists no longer either
But my love for you never dies
    Your love for me never dies either
That calms me down a lot,
    That comforts me
Augsburg on 4th of July 2021 at 18:30 p.m.

Ewige Liebe, ewiges Warten

Von mir nach Hanoi
    sind es nur ein paar Schritte
Aber von mir zu Dir
    ist es ewig lang

In Hanoi kennt mich keiner
    auch ich kenne niemanden
Tja, von mir nach Hanoi
    sind es nur ein paar Schritte

Hier kennt mich jeder
    auch ich kenne jeden
Aber von mir zu Dir
    ist es ewig lang

Aber von mir zu Dir
    ist es ewig lang
Ewiges Warten, unendlich Warten
    Das ist mein Schicksal

Ewige Liebe, unendliche Liebe
    Das versprach Ich Dir, deshalb
das ewige Warten, unendlich Warten
    Das ist mein Schicksal

Infinite Love, eternal waits

From me to Hanoi
    It is only a few steps
But from me to you
    It's forever long

Nobody in Hanoi knows me
    I don't know anyone either
Well, from me to Hanoi
    It is only a few steps

They all know me here
    I too know all
But from me to you
    It is infinite long

But from me to you
    It's forever long
Eternal waiting, endless waiting
    That is my destiny

Eternal love, infinite love
    I promised you that, that's why
The eternal waiting, infinite waiting
    That is my destiny

Aber von mir zu Dir
    ist es ewig lang
Ewiges Warten, unendlich Warten
    Das ist mein Schicksal

John Keats schrieb:

Bright Star
So standhaft wie Du
    möchte ich sein,
    unveränderbar,
    aber hier auf der Erde
Mein Kopf ruhend auf der Brust
    meiner jungen geliebten
Für immer fühlen
    Sein sanftes Fallen und Anschwellen,
Für immer wach
    In süßer Unruhe,
Trotzdem, noch zu hören
    Ihr zärtlicher Atem
Und so lebe ich für immer —
    Oder falle ohnmächtig zu Tode,
    Weil sonst nichts Wert ist, zu leben

Auszug aus der Sonette "Bright Star" 1819 von John
Keats, den größten Romantiker des Mittelalters.

Augsburg, am 04. August 2021 um 19:38.

But from me to you
　　It's forever long
Eternal waiting, endless waiting
　　This is my destiny

John Keats wrote:

Bright Star
Yet still stedfast,
　　Would I were steadfast as thou art
　　Still unchangeable,
Pillowed upon my fair
　　Love's ripening breast,
To feel for ever
　　Its soft fall and swell,
Awake for ever
　　In a sweet unrest,
Still, still to hear
　　Her tender-taken breath,
And so live for ever —
　　Or else swoon to death.

Abstract from the sonnet "Bright Star" 1819 by John
Keats the greatest Romantic of the Middle Age.

Augsburg, the 04th of August 2021 at 19:38.

Der alte man raucht sein Chillum

Der alte man
    rauchte sein Chillum
Wie eine Statue,
    Keine Blicke in seinen Augen
Keine Bewegungen in seinem Gesicht
Der alte man
    rauchte sein Chillum

Ich sagte "Namaskar"
    Keine Antwort
Ich fragte hungrig, durstig?"
    Keine Antwort
Keine Blicke in seinen Augen
Der alte man
    rauchte sein Chillum

Ich kam wieder am nächsten Tag, er war da
Ich kam wieder und wieder
    Er war immer da
Keine Blicke in seinen Augen
Der alte man
    rauchte sein Chillum

The old man smoking his chillum

I saw the old man
    Smoking his chillum
Just like a stone statue
    No glances in his eyes
No movements in his face
I saw the old man
    Smoking his chillum

I said "Namaskar"
    He said nothing
I asked "are you hungry or thirsty?"
    He said nothing
No glances in his eyes
I saw the old man
    Smoking his chillum

Next day I came again
    He was there
I came again and again
    He was always there
No glances in his eyes
I saw the old man
    Smoking his chillum

Ich dachte
    was für ein Leben?
Wartest Du auf Gott?
    Keine Antwort
Keine Blicke in seinen Augen
Der alte man
    rauchte sein Chillum

Eines Tages
    brachte ich auch ein Chillum
Saß neben ihm
    Und rauchte mein Chillum
So viel Glanz
    in unseren Augen
Wir rauchten unsere Chillum

Ich war befreit
    Ließ alles hinter mir
Keine Sorgen,
    Keine Ängste
Blickte endlich
    in die Unendlichkeit
Wir rauchten unsere Chillum

Willst auch Du frei sein
    Alles hinter Dir lassen
Dann setze Dich neben uns
    Rauche Dein Chillum mit uns

Augsburg, am 3. Dezember 2020 um 19:30

I thought
    What a life?
Are you waiting for God?
    He said nothing
No glances in his eyes
I saw the old man
    Smoking his chillum

One day
    I brought a chillum
Sat near him
    Smoking my chillum
So much glances in our eyes
I saw us
Smoking our chillums

I was released and free
    Everything left behind
No worries no sorrows
    Learnt to see in the infinity
Everything so peaceful
I saw us
    Smoking our chillums

If you too want to be free
    And leave everything behind
Then come and sit near us
    Smoking your chillum

Augsburg, 3rd of December 2020 at 7:30 p-m.

Das ist mein Weg

Und sie sagten mir
   "Das ist der Weg,
   den musst Du gehen"
Der Weg war hart und steinig
   oft bin ich gestolpert
   oft hab ich mir wehgetan
   oft hab ich geweint
Aber sie sagten mir
   immer und immer wieder
   "Das ist der Weg"
   den musst Du gehen"

Dann kamst Du
Du sagtest
   "Wo Du bist,
   das ist der Weg,
   das ist Dein Weg"
Du hast mich begleitet
   Du gabst mir Liebe
Ich bin bei Dir
   Das ist mein Weg"

Wo ich bin,
   das ist mein Weg .

Überarbeitet am 15.08.2021 in Augsburg

That's my way

And they told me
    "This is the way,
You have to go"
The road was hard and rocky
    I often stumbled
I often hurt myself
    I often cried
But they told me
    over and over again
"This is the way"
    You have to go"

Then you came
    You said
"Where ever you are
    That is the way,
    That is your way"
You accompanied me
    You gave me love
I'm with you
    And that is my way"

Where ever I'm
    Exactly that's my way....

Revised on 15th of August 2021 in Augsburg

Was die anderen nicht haben

Manchmal
    bin ich unzufrieden und traurig,
    sitze da und denke und denke
    über dies und das
    Öfter hab ich Angst
Die Angst isst meine Seele auf
Dann bin ich traurig und sehr nachdenklich

Rockefeller
    sein Reichtum, sein Glück
    seine Erfolge
    hätte ich doch ein bisschen davon
    Ich beneide ihn so sehr
Er hat alles, was ich nicht habe
Dann bin ich traurig und sehr nachdenklich

George Clooney
    sein Aussehen, sein Auftreten
    seine Erfolge
    hätte ich doch ein bisschen davon
    Ich beneide ihn so sehr
Er hat alles, was ich nicht habe
Dann bin ich traurig und sehr nachdenklich

What the others don't have

Once in a while
    I am dissatisfied and sad
    Sit there and think and think
    About this and that
    I am scared more often
Fear eats up my soul
Then I'm sad and very thoughtful

Rockefeller
    His wealth, his happiness
    His successes
    If I would have a little bit of it
    I envy him so much
He has everything that I don't have
Then I'm sad and very thoughtful

George Clooney
    His looks, his appearance
    His successes
    If I would have a little bit of it
    I envy him so much
He has everything that I don't have
Then I'm sad and very thoughtful

Die anderen
  haben alles, was ich nicht hab
  hätte ich doch ein bisschen von einem
  und ein bisschen von dem anderen
  Ich beneide alle so sehr
Sie haben alles, was ich nicht habe
Dann bin ich traurig uns sehr nachdenklich

Dann geht die Sonne auf, der Tag bricht an
  Dein liebes Gesicht so friedlich im Schlaf
  Was kümmern mich nun
  die Reichtümer, Erfolge der anderen?
  Ich hab Dich und Deine Liebe so groß
Ich habe alles, was die anderen nicht haben
Dann bin ich so stolz auf Dich und auch auf mich

Inspiriert von
Sonnet 29: When, in disgrace with fortune and men's
eyes - von Wilhelm Shakespeare

Am 23. August 2021 um 23:00 Uhr

What the others don't have

The others
    Have everything that I don't have
    If I would have a little bit from one
    And a little bit from the other
    I envy everyone so much
They have everything that I don't have
Then I'm sad and very thoughtful

Then the sun rises and the day breaks
    Your dear face so peaceful in sleep
    What do I care now for
    the wealth, successes of others?
    I have you and your love so great
I have everything that the others don't have
Then I am so proud of you and of me too

Inspired by
Sonnet 29: When, in disgrace with fortune and men's
eyes
By Wilhelm Shakespeare

On August 23, 2021 at 11:00 p.m.

Das ist es

Der Fluss,
    er fließt und fließt
    Öfter ruhig, öfter tosend
    Als Kind wollte ich so gern
    meine Füße in das Wasser
    baumeln lassen
Das alles durfte ich nicht,
meine Mutter hat es mir verboten

Der Mangobaum,
    voller Pracht bedeckte den Boden
    mit goldenem Blütenstaub
    Als Kind wollte ich so gern
    mich in den Blütenstaub wälzen
    auf den Baum klettern
Das alles durfte ich nicht,
meine Mutter hat es mir verboten

Das kleine Mädchen,
    so schön, so zauberhaft
    wie eine kleine Fee
    ich wollte als Kind so gern
    sie einfach gernhaben
    mich in sie verknallen
Das alles durfte ich nicht,
die gesellschaftliche Moral hat es mir verboten

That's it

The river,
    It flows and flows
    sometimes calm, sometimes roaring
    As a child, I wanted so much
    To put my feet in the water
    And dangle
I wasn't allowed to do any of that
My mother forbade me

The mango tree,
    Full of splendour covered the ground
    With golden pollen
    As a child, I wanted so much
    Wallow in the pollen
    Climb up the tree
I wasn't allowed to do any of that
My mother forbade me

The little girl
    So beautiful, so magical
    Like a little fairy
    I wanted so much as a child
    Just like her
    Fall in love with her
I wasn't allowed to do any of that
Social morality has forbidden me

Nun bin groß und frei
    den Fluss fließt nicht mehr,
    auch der Mangobaum
    blüht nicht mehr,
    das Mädchen ist nun groß
    und liebt einen anderen
Das alles darf ich nun
in meinem Herzen bewahren

Nun Du bist da
    Du hast meine Welt verzaubert,
    meine Welt verändert
    Ein wahres Gefühl:
    Ich sage immer und immer wieder.
    "Ich liebe Dich sehr"
Es ist alles wunderbar
Einfach wunderbar

Überarbeitet in August 2021 in Augsburg

Now I am grown up and free
    The river no longer flows
    Also the mango tree
    no longer blooms
    The girl is grown up now
    and loves another one
I am allowed to keep now
All of this in my heart

Well you are there
    You enchanted my world,
    Changed my world
    A real feeling:
    I say over and over again.
    "I love you very much"
It's all wonderful
Just wonderful

Revised in August 2021 in Augsburg

Endlich hast Du Dich in mich verliebt

Mein Mädchen - meine Frau,

Ich lege Dich sanft auf die Wolken -
    wie eine Fee

Ich decke Dich mit weichen Wolken zu -
    wie eine Göttin

Ich verdecke den Mond mit einer Wolke,
    dass Du ausruhen kannst

Ich lege meine Träume, meine Sehnsüchte
    und auch mich neben Dich

Du bist dann unglaublich verzaubert,
    und hast Dich endlich in mich verliebt

Augsburg, 16. August 2021 um 11:15

At last you fell in love with me

My girl - my better half

I lay you gently on the clouds,
    Like a fairy

I cover you with soft clouds,
    Like a Goddess

I cover the moon with a cloud,
    So that you can rest

I put my dreams, my addictions,
    and myself too next to you

You are then incredibly enhanced
    And have finally fallen in love with me

Augsburg on 16th of August 2021 at 11:15

Heute ist eine lange Sternschuppennacht

Und heut ist wieder so eine
    so eine Sternschnuppennacht
Supermond und tausende,
    abertausende Sternschnuppen
    lassen mein Herz höher
    und höherschlagen
Heut ist wieder
    so eine Sternschnuppennacht

Heut ist wieder so eine
    so eine Sternschnuppennacht
Supermond und tausende Sternschnuppen
    lassen mein Herz höher
    und höherschlagen
    Ich hab so viele Wünsche
Heut ist wieder
    So eine Sternschnuppennacht

Today is again long night of meteor

And today is another one
    Such a shooting meteor night
Super moon and thousands,
    and thousands of falling stars
    Let my heart beat faster
    and faster
Today is again
    Such a shooting meteor night

Today is another one
    Such a shooting meteor night
Super moon and thousands of falling stars
    Make my heart beat faster
    and faster
    I have so many wishes
Today is again
    Such a shooting meteor night

Heut ist wieder so eine
    so eine Sternschnuppennacht
    Möchte Dir ein kleines Sternchen fangen
    halt meine beiden Hände fangbereit
Das lässt mein Herz höher
    und höherschlagen
Heut ist wieder
so eine Sternschnuppennacht

Heut ist wieder so eine
    so eine Sternschnuppennacht
    Schnapp Dir eine Decke
    und Deinen Wunschzettel
    Komm mit mir auf Sternschnuppen-Jagd
    Alle Deine Wünsche gehen in Erfüllung
Vielleicht bist auch Du auch sehr begeistert,
    und verliebst Du Dich dann in mich

Remix in August 2021 in Augsburg

Today is another one
    Such a shooting meteor night
    Want to catch a little star for you
    Hold both my hands Ready to catch
That makes my heart beat faster
    and faster
Today is again
    Such a shooting meteor night

Today is another one
    Such a shooting meteor night
    Grab a blanket
    and your wish list
Come with me on a shooting star hunt
    All your wishes will come true
Maybe you are also then very enthusiastic,
    and fall in love with me

Remix in August 2021 in Augsburg

Deine Schönheit, meine Worte

Du leuchtest in schönsten Farben
    mit leuchtenden grünen Augen
    In der Morgendämmerung
    In geheimvoller Abenddämmerung
Das ist Deine Zauberei
Du leuchtest in schönsten Farben
    mit leuchtenden grünen Augen

Du sagtest einmal:
    mir gefallen sehr die vielen Worte von Dir
    Noch mehr, wie Du sie mir erzählst
    Sie lassen ein wenig
    in Deine Seele blicken
Mit der Sprache hast Du wahrscheinlich
    einen Pakt geschossenen

Ich habe einfach einen Pakt geschlossen mit
    William Shakespeare,
    John Keats,
    Elisabeth Browning
    und mit vielen anderen
Das ist mein Wille
    das ist meine Freiheit

Your Beauty, my words

You shine in the most beautiful colours
    With your shining green eyes
    At dawn and
    In the mysterious twilight
That is your magic
You shine in the most beautiful colours
    With your shining green eyes

You once said:
    I really like the many words you say
    Even more the way you tell
    You let a little
    Look into your soul
With the language you probably
    have made a pact

I just made a pact with
    William Shakespeare,
    John Keats,
    Elisabeth Browning
    and with many others
That is my will
    That is my freedom

William Shakespeare
    lehrte mich, was Liebe ist
    John Keats
    lehrte mich, was Romantik ist
    Elisabeth Browning
    zeigte mir, auf welcher Art man Liebt
Und so lernte ich lieben und leben

Mein Schöpfer gab mir die Gabe
    mit Worten auszudrucken
    Dein Schöpfer
    gab Dir die Schönheit und
    die leuchtenden grünen Augen
Dein Schöpfer und mein Schöpfer
    sind eins und derselbe

Dein Schöpfer und mein Schöpfer
    sind eins und derselbe
    So sind wir beide
    eins und dieselben
    Mahatma Gandhi sagte
    wo Liebe ist, da ist auch das Leben
So leben wir und lieben wir

Rödelsee, am 31.08.2019 um 5:00 Uhr

William Shakespeare
    taught me what love is
    John Keats
    taught me what romance is
    Elisabeth Browning
    showed me the way how to love
And so, I learned to love and live

My Creator gave me the gift
    to narrate with the words
    Your creator
    gave you the beauty and
    the glowing green eyes
Your creator and my creator
    Are one and the same

Your creator and my creator
    are one and the same
    So are we both
    one and the same
    Mahatma Gandhi said:
    Where there is love, there is life too
So we love and live

Rödelsee, on 31st of August 2019 at 5:00 a.m.

So großartig einen Engel zu haben

Ich habe immer geglaubt
    Engel sind nur fröhlich und glücklich
    Ich wusste es noch nie
    Auch Engel weinen
    Ich habe dich weinen gesehen
    dann wusste ich es
Ich bin nun sicher
    Auch Engel haben Gefühle

Ich habe immer geglaubt
    Engel sind ohne Sorgen
    Ich wusste es noch nie
    Auch Engel können traurig sein
    Ich habe gesehen, wie du dir Sorgen machst
    Wenn ich mit meinem Truck unterwegs bin
Dann wusste ich es
    Auch Engel machen sich Sorgen

Auch Engel brauchen wenig Zärtlichkeit
    Komm und leg dich neben mich
    Komm meinem Herzen näher
    Weil du ein ein Engel bist
    Ich schenke dir die Zärtlichkeit,
    die Du verdienst
Es ist so großartig, einen Engel zu haben
    Es ist so schön dich an meiner Seite zu haben

Kitzingen am 9. Februar 2014 um 20:00 Uhr

It's so great to have an Angel

I always believed
    Angels are only merry and gay
    I never knew
    Angels also weep
    I've seen you crying
    Then I knew it
I am now sure
    Angels also have feelings

I always believed
    Angels are without worries
    I never knew
    Angels also can be weary
    I've seen you worrying
    When I'm on the road with my truck
Then I knew
    Angels also get worried

Angels also need little tenderness
    Come and lay down near me
    Come closer to my heart
    Because you're an Angel
    I'll give you the tenderness
    That you deserve
It's so great to have an Angel
    It's so nice to have you by my side

Kitzingen, dated 9th of February 2014, at 6 p.m.

So was Blödes, sagte die Welt nur

Die Kerze - die Kerzenflamme
    stand aufrecht in der Windstille
    Sie fackelte nicht, sie wackelte nicht
    brannte langsam und ruhig ab
Wurde immer grösser und grösser
    aber sie stand aufrecht in der Windstille

Der Nachtfalter - die kleine Motte
    das Kerzenlicht zog sie ihrem Bann
    Es fesselte sie, es betäubte sie
    Es faszinierte sie
Sie schrie lautlos ohne Worte
    Ich bin verknallt in Dich, Ich liebe Dich…

Die Kerzenflamme immer noch still
    Die Schreie des Nachtfalters berührten sie nicht
    Sie war immer noch aufrecht,
    Sie fackelte nicht, sie wackelte nicht
Die Kerzenflamme wurde immer grösser
    aber sie fackelte nicht, sie wackelte nicht

What a stupid thing, said the world

The candle - the candle flame
    Stood upright in the calm
    It didn't flicker, it didn't wobble
    Burned down slowly and calmly
Just getting bigger and bigger
    But she stood upright in the calm

The moth - the little moth
    The candlelight cast a spell over her
    It captivated her, it numbed her
    It fascinated her
She screamed silently without words
    I have a crush on you, I love you...

The candle flame was still silent
    The moth's cries did not touch her
    She was still upright
    It did not flare, it did not wobble
The candle flame grew bigger and bigger
    But it did not flare, it did not wobble

Einzige Umarmung von Dir, sagte der Nachtfalter
  bin ich bereit, tausende Male zu sterben
  Ein einziger Moment der Liebe
  überstehe die Flut tausendmal tausende Tode
Ein winziger Moment der Liebe
  überstehe die Flut tausendmal tausende Tode

Die Welt lachte und sagte nur
  "so was Blödes!!!"
  Trotz Windstille
  fackelte die Kerzenflamme wild
Auf einmal
  war sie nun erlöscht

Die Nacht weinte in der Stille
  In der Dunkelheit sah das aber Keiner
  Ein Kerzenritual für die verstorbenen
  gab es nicht
„So was Blödes …"
  sagte die Welt nur

Markt Schwaben, 14.05.2013, um 23:00 Uhr

Only a hug from you, said the moth
    I'm ready to die a thousand times
    A single moment of love
    survives thousand times thousand deaths
A tiny moment of love
    survives thousand times thousand deaths

The world just laughed said
    "What a stupid thing!!!"
    Despite the calm
    the candle flame flickered and wobbled
Wildly at once
    was it now extinguished

The night wept in the silence
    But nobody saw it in the dark
    A candle ritual for the deceased
    did not exist
"What a stupid thing …"
    the world just said

Markt Schwaben, dated 14th May 2013 at 11 p.m.

Ich bin Dir sehr dankbar, dass es Dich gibt

Meine Mama
 hielt mich in ihren Armen fest
 Es war sehr schützend
 Ich war sorglos und glücklich
Ich durfte ICH sein
 Aber es ist aber so lange her

Mein Papa nahm mich an der Hand
 und wir gingen spazieren
 Ich war so beruhigt,
 hatte keine Angst
Ich war so glücklich
 Aber, es ist so lange her

Ich würde gern noch einmal
 meine ganze Kindheit wieder erleben
 Nun bin ich aber erwachsen
 Jetzt habe ich Dich
Nun habe ich Dich und Deine Liebe
 Und das ist schön, sehr schön

I am so grateful that you are there for me

My mum
    held me in her arms
    It was protection pure
    I was carefree and happy
I was allowed to be ME
    But it was so long ago

My papa took my hand
    and we went for a walk
    I was so soothing
    wasn't afraid, no fears
I was so happy
    But, it's been so long

I would like to do it again
    experience my whole childhood
    But now I'm grown up
    And I have you now
Now I have you and your love
    And that's nice, very nice

Wenn ich
    in Deinen Armen liege
    alles voller Liebe
    nur Du und ich – das völlige Einssein
Das ist Himmel auf auf Erden für mich
    und das ist so schön

Ich bin Dir so dankbar,
    Dass es Dich gibt

Kitzungen, am 13.01.2014 um 2:30 Uhr

When
    I lie in your arms
    all is full of love
    just you and me -To be completely one
    That is heaven on earth for me
And that is so wonderful

I am so grateful to you
    That you are there for me

Kitzingen, dated 13th of January 2014 at 2:30 a.m.

Ist das Leben nicht schön?

Winzling im Kinderwagen
    große Kulleraugen
    strampelt und strampelt
    herzhaftes Lachen
    So eine Freude
    lässt Dein Herz aufblühen
Freude bereiten, zum Lachen bringen
    Ist „DAS LEBEN" nicht schön?

Jemand einsam und
    allein im Park
    Tränen in Augen,
    voller Traurigkeit
    Du fragst
    "Kann ich Ihnen helfen?"
Mitfühlen, Empfindsam sein
    Ist „DAS LEBEN" nicht wertvoll?

Hohes Alter
    immer noch verliebt
    Sie streichelt zärtlich sein Haar
    Vertraulichkeit, Zufriedenheit
    So eine Liebe
    überwältigt das Herz
Liebe schenken, Liebe erleben
    Ist „DAS LEBEN" nicht lebenswert?

The life is wonderful, is not it?

Tiny in the stroller
   Big googly eyes
   Kicking and kicking
   Hearty laughter
   What a joy
   Makes your heart bloom
Bring joy, make you laugh
   Isn't "THE LIFE" so wonderful?

Somebody lonely and
   alone in the park
   Tears in eyes
   Full of sadness
   You ask
   "Can I help you?"
Compassion, be sensitive
   Isn't "THE LIFE" valuable?

High age
   Still in love
   She gently strokes his hair
   Confidence, satisfaction
   Such a love
   Overwhelms the heart
Giving love, experiencing love
   Isn't "THE LIFE" worth living?

Sich Verknallen
  geht ziemlich schnell
  Verlieben
  dauert etwas länger
  Aber solche Liebe
  hält bis in der Ewigkeit
So eine tiefe Liebe hält am Leben
  Ist „DAS LEBEN" nicht liebenswert?

Überarbeitet in August 2021 in Augsburg

To have a crush
    goes pretty fast
    Falling in love
    takes a little longer
    But such love
    lasts forever
Such a deep love keeps you alive
    Isn't "THE LIFE" lovable?

Revised in August 2021 in Augsburg

Ich erzähle keine Lügen

Ich erzähle keine Lügen,
    und auch keine Märchen

Schopenhauer sagte:
    "Alle werden geboren
    alle werden sterben
    und genau dazwischen
    liegt das reelle Leben"
Unsere Liebe ist reell,
    also wir leben

Ich erzähle keine Lügen,
    und auch keine Märchen

Shakespeare schrieb:
    "Liebe ist nicht wahre Liebe,
    die sich ändert,
    wenn es dazu die Gelegenheit gibt
    oder erlischt, wenn jemand sie löscht"
Unsere Liebe ist standhaft,
    also wir lieben

Ich erzähle keine Lügen,
    und auch keine Märchen

I tell no lies

I tell no lies
   Nor any fairy tales

Schopenhauer said:
   "All are born and
   All will have to die
   And right in between
   Is real life"
Our love is real,
   so, we live

I tell no lies
   Nor any fairy tales

Shakespeare wrote:
   "Love is not love
   Which alters when
   it alteration finds,
   or bends with the remover to remove"
Our love is steadfast,
   So, we love

I tell no lies
   Nor any fairy tales

Das Leben ist so kurz
    Komm mit mir zu unserem Fluss,
    Lass uns unter unserem Baum am Ufer
    ein bisschen weilen
    In das ruhige Wasser die Füße baumeln
Unsere Seelen sind rein,
    also etwas Ruhe finden

Ich erzähle keine Lügen,
    und auch keine Märchen

Kitzingen, am 12.07.2015 um 12:30.

Life is so short
  Come with me to our river
Let us under our tree on the bank
  linger a little
  Dangle our feet in the calm water
Our souls are pure
  So, find some peace

I tell no lies
  Nor any fairy tales

Kitzingen, dated 12th of July 2015 at 12:30 p.m.

Dein Lächeln ist ein wunderbares Gedicht

Ein goldgelbes Ahron-Blatt
    fällt vom Baum herab, von Winde verweht
    an einem sonnigen Herbsttag
Zweck seines Daseins ist erfüllt,
    wenn Du es mit beiden Händen fängst

Ein schweifender Stern
    fällt und fällt vom Himmel herab
    in einer wunderschönen Sommernacht
Sein Sommernachtstraum ist erfüllt;
    wenn Du ihn mit Deinen großen Augen anstarrst

Ein kleiner Regentropfen
    fällt unauffällig von einer Wolke herab
    an einem heißen Sommertag
Seine Sehnsüchte sind erfüllt,
    wenn er auf Dein Gesicht fällt, Dein Gesicht küsst

Your smile is a wonderful poem

A golden yellow maple leaf
    Falls from the tree, blown by the wind
    On a sunny autumn day
Purpose of his existence is fulfilled,
    When you catch it with both hands

A wandering star
    Falls and falls down from the sky
    On a beautiful summer night
His midsummer night's dream is fulfilled;
    When you stare at him with your big eyes

A little raindrop
    Falls unnoticeably from a cloud
    On a hot summer day
His longings are fulfilled
    When it falls on your face, kisses your face

Ich bin ein Wanderer
    ein ewiger Wanderer
    immer und jeden Tag
Ich halte eine Weile inne
    wenn Du mir ein Lächeln schenkst

Es ist ein Rätsel, wie ich mich dann fühle
    sprachlos, nur noch sprachlos
    schimmert meine Seele,
denn Dein Lächeln ist ein Gedicht -
    ein wunderbares Gedicht

Überarbeitet im August 2021 in Augsburg

I am a wanderer
   An eternal wanderer
   Always, every day
I pause for a while
   When you give me a smile

It's a mystery how I feel then
   Speechless, just speechless
   My soul shimmers
Because your smile is a poem -
   A wonderful poem

Revised in August 2021 in Augsburg

Schön, sich zu verlieren, sich zu vergessen

Ist das nicht schön
    sich zu verlieren, sich zu vergessen,
    sich mit seiner Umgebung zu vereinen,
    einfach seine Identität zu verlieren –
    anonym bleiben?
Das ist was Wunderbares

Ein Sternlein am Sternenhimmel
    so unbedeutend, Du siehst es nicht
    geht unter in der Milchstraße -
    einfach so
Ist das nicht schön,
    sich zu verlieren, sich zu vergessen,
    sich mit seiner Umgebung zu vereinen,
    einfach seine Identität zu verlieren –
    anonym bleiben?

Ein Sandkörnchen in der Wüste
    so unbedeutend, Du merkst es nicht
    trägt bei, das Sandgebilde zusammenzuhalten –
    so ehrfürchtig
Ist das nicht schön,
    sich zu verlieren, sich zu vergessen,
    sich mit seiner Umgebung zu vereinen
    einfach seine Identität zu verlieren -
    anonym bleiben?

Nice to lose yourself, to forget yourself

Isn't that nice
    To lose oneself, to forget oneself,
    To unite with one's surroundings,
    Simply to lose one's identity -
    Remain anonymous?
That is something wonderful

A small star in the starry sky
    So insignificant you don't see
    Goes down in the Milky Way -
    Simply that way
Isn't that nice
    To lose oneself, to forget oneself,
    To unite with one's surroundings,
    Just to lose one's identity -
    Remain anonymous?

A small grain of sand in the desert
    So insignificant you don't notice
    Helps to hold the sand structure together -
    So awesome
Isn't that nice
    To lose oneself, to forget oneself,
    To unite with one's surroundings
    Just to lose one's identity -
    Remain anonymous?

Ein Tröpfchen im warmen Regen
    so unbedeutend, Du siehst es nicht
    tanzt auf tosenden Wellen im Ozean -
    furchtlos
Ist das nicht schön,
    sich zu verlieren, sich zu vergessen,
    sich mit seiner Umgebung zu vereinen,
    einfach seine Identität zu verlieren -
    anonym bleiben?

Unzählige Menschen um mich
    ich so unbemerkt, Du siehst mich nicht
    tauche in der Menschenmasse unter -
    so sorglos
Ist das nicht schön,
    sich zu verlieren, sich zu vergessen,
    sich mit seiner Umgebung zu vereinen,
    einfach seine Identität zu verlieren -
    anonym bleiben?

A droplet in the warm rain
    So insignificant you don't see
    Dances on crashing waves in the ocean -
    Fearlessly
Isn't that nice
    To lose oneself, to forget oneself,
    To unite with one's surroundings,
    Simply to lose one's identity -
    Remain anonymous?

Countless people around me
    I go so unnoticed, you don't see me
    Dive into the crowd -
    So carefree
Isn't that nice
    To lose oneself, to forget oneself,
    To unite with one's surroundings,
    Just to lose one's identity -
    Remain anonymous?

Ich lasse mich mitreißen
    schau weder links noch rechts
    halte Ausschau nach Dir -
    so sehnsüchtig
    Ich sehe Dich einsam spazieren
Ist das nicht schön,
    Dich nicht zu verlieren,
    Dich nicht zu vergessen,
    Dich bei mir zu haben?

Ist das nicht schön
    sich zu verlieren, sich zu vergessen,
    sich mit seiner Umgebung zu vereinen,
    einfach seine Identität zu verlieren –
    anonym bleiben?
Das ist was Wunderbares

Überarbeitet im August 2021 in Augsburg

I let myself be carried away
    Look neither left nor right
    Look out for you -
    So longingly
    I see you walking alone
Isn't that nice
    Not to lose you
    Not to forget you
    To have you with me

Isn't that nice
    To lose oneself, to forget oneself,
    To unite with one's surroundings,
    Simply to lose one's identity -
    Remain anonymous?
That is something wonderful

Revised in August 2021 in Augsburg

Ein gefallener Engel

Sie war ein gefallener Engel

Sie sagte mir
    Ich hab eine Aufgabe zu erfüllen
    Ich muss Dir helfen
    Ist meine Aufgabe erfüllt,
    dann muss ich gehen
Sie war ein gefallener Engel

Ich verstand nicht
    Wobei musste sie mir helfen?
    Warum muss sie gerade mir helfen?
    Ich war nicht soweit,
    ihre Hilfe anzunehmen
Sie war ein gefallener Engel

Ich war ein Idiot,
    das bin ich heute noch
    Ich erkannte nicht,
    eigentlich brauchte sie
    meine Hilfe
Sie war ein gefallener Engel

A fallen angel

She said to me
    I have a job to do
    I have got to help you
    When my job is done
    Then I have got to go
She was a fallen angel.

I did not understand
    What did she have to help me with?
    Why does she have to help me?
    I wasn't ready
    To accept her help
She was a fallen angel

I was an idiot
    I still am today
    I didn't realize
    In fact, she needed
    My help
She was a fallen angel

Sie konnte nicht gehen,
  denn ihre Aufgabe
  war noch nicht erledigt
  Ich war nicht soweit,
  ihre Hilfe anzunehmen
Sie war ein gefallener Engel

Eigentlich wollte sie
  mir mit ihrer Liebe helfen
  Aber ich war ein Idiot,
  das bin ich heute noch
  Seitdem wandere ich umher
Ich bin ein wandernder Geist

Ich bin ein wandernder Geist
  dem ist nicht zu helfen....

Augsburg, am 22. Februar 2021 um 9:00 Uhr

She couldn't go
    Because her job
    Wasn't done yet
    I wasn't ready
    To accept her help
She was a fallen angel

She actually wanted to
    Help me with her love
    But I was an Idiot
    I still am today
    I've been wandering ever since
I am a wandering spirit

I am a wandering spirit
    No one can help me...

Augsburg, dated 21st of February 2021 at 9 a.m.

Liebe, große Liebe

Sie war eine Putzfrau
    Keine Mutter
    Kranker Vater
    Krankheit; Alkohol
    Starke Alkoholsucht

Sie war eine Putzfrau
    Harte Arbeit
    Kranker Vater
    Versäuft sich das ganze Geld
    Sie war traurig, hilflos

Sie war eine Putzfrau
    Träumte von der Liebe
    Von der großen Liebe
    Wer würde denn,
    eine Putzfrau lieben?

Er war ein Matrose
    erzählte Geschichten
    über seine Weltreisen
    traf Sie eines Tages
    am Hamburger Hafen

Love, great love

She was a cleaning lady
    No mother
    Sick father
    Illness: alcohol
    Strong alcohol addiction

She was a cleaning lady
    Hard work
    Sick father
    All the money getting drunk
    She was sad, helpless

She was a cleaning lady
    Dreamed of love
    From great love
    Who would
    love a cleaning lady?

He was a sailor
    Told stories
    About his world travels
    Met her one day
    At the port of Hamburg

Er war ein Matrose
    Komm mit mir
    Ich zeige Dir die Welt
    Rio de Janeiro
    Karneval Tag und Nacht

Komm mit mir
    Ich zeige Dir die ganze Welt
    Lissabon, Südafrika
    Miami, New York
    Lass uns das Leben genießen

Morgen geht's los
    Pack Deine Sieben Sachen
    Komm mit mir
    Ich warte auf Dich
    Lass uns das Leben genießen

Sie war eine einfache Putzfrau
    dachte und dachte nach
    das war alles verlockend,
    denn daheim war alles düster
    vielleicht findet sie die große Liebe

He was a sailor
   Come with me
   I show you the world
   Rio de Janeiro
   Carnival day and night

Come with me
   I'll show you the whole world
   Lisbon, South Africa
   Miami, New York
   Let's enjoy life

Tomorrow we will start
   Pack your baggage
   Come with me
   I'll wait for you
   Let's enjoy life

She was a simple cleaning lady
   Thought and thought
   It was all tempting
   For at home everything was gloomy
   Maybe she'll find the big love

Ihre Mutter sagte einmal
    Glaub keinen Mann
    Sie versprechen Himmel auf Erden
    Das Leben ist knall hart
    Glaub keinen Mann

Sein Schiff legte ab
    Der Matrose fand eine andere
    Ich kann sie gut verstehen,
    denn Angst essen Seele auf
    Ja, Angst essen Seele auf

Inspiriert von Brigitte Mira im Film "Angst essen Seele auf" von 1974

Augsburg, am 22. August 2021 um 9:00

Her mother once said
    Don't believe a man
    They promise heaven on earth
    Life is just hard
    Don't believe a man

His ship cast off
    The sailor found another woman
    I can understand her very well
    For fear eats up the soul
    Yes, fear eats up the soul

Inspired by Brigitte Mira in the 1974 film "Fear Eats the Soul"

Augsburg, dated 22nd of August 2021 at 9:00 am

Ich verstehe Deine Sprache nicht

Deine Worte überall im Raum
    Deine Stimme noch in meinen Ohren
    Ich Weiß, was Du sagen willst
    Ich verstehe Dich aber nicht
Ich verstehe Deine Sprache nicht

Wie viele Worte braucht man
    die Liebe zu beschreiben
    wenn man die Liebe nicht kennt
    wenn man das Gefühl nicht kennt?
    Ich verstehe Dich dann nicht
Ich verstehe Deine Sprache nicht

Wie viele Qualen musste
    Aschenbach von Thomas Mann durchstehen
    als er seine göttliche Liebe nicht zeigen durfte?
    Auch Du verstehst mich nicht
    und redest und redest
    Ich verstehe Dich aber nicht
Ich verstehe Deine Sprache nicht

I don't understand your language

Your words everywhere in the space
    Your voice still in my ears
    I know what you want to say
    But I don't understand you
I don't understand your language

How many words does one need
    To describe love
    When one doesn't the know love
    If one doesn't have the feelings?
    I don't understand you then
I don't understand your language

How much tortures had to undergo to
    get through Aschenbach of Thomas Mann
    When he couldn't show his divine love?
    You don't understand me either
    And talk and talk
    But I don't understand you
I don't understand your language

Lord Tennyson sagte
    "Tis better to have loved and lost
    Than never to have been loved at all."
    Ob er jemals Jemanden so liebte wie ich?
    Ich verstehe ihn aber so gut
Ich verstehe seine Sprache so gut

Vielleicht ist dann doch gut zu lieben
    als niemals geliebt zu werden
    Ja, es ist immer besser zu lieben,
    als niemals geliebt zu werden
    Hoffentlich verstehst Du dann mich
Hoffentlich verstehst Du meine Sprache

Markt Schwaben, am 03. 06.2012 um 20 Uhr

Lord Tennyson said
    "Tis better to have loved and lost
    Than never to have been loved at all."
    Did he ever love someone like me?
    But I understand him so well
I understand his language so well

Maybe then it's good to love after all
    Than never to be loved
    Yes, it's always better to love
    Than never to be loved
    Hope you understand me then
I hope you understand my language

Markt Schwaben, dated 3rd of June 2012 at 8 p.m.

Meine virtuelle Realität

Ich bilde mir ein
    in meinem Kopf etwas,
    das ist so reell
    In meinen Kopf bist Du so reell
    aber Du bist nicht da
Das ist meine virtuelle Realität

In meinen Träumen sehe ich
    Dein wunderschönes Gesicht
    Ich verknallte mich so sehr
    In meinem Träumen bist Du so reell
    aber Du bist nicht da
Das ist meine virtuelle Realität

In meinen Träumen
    streichele ich Deine Brust sanft,
    Das regt mich so an
    In meinen Träumen ist die Ekstase so reell
    aber Du bist nicht da
Das ist meine virtuelle Realität

In meinen Träumen
    höre ich, wie Du sagst
    Ich lieb Dich sehr
    In meinem Träumen ist das Glück so reell
    aber Du bist nicht da
Das ist meine virtuelle Realität

My virtual Reality

I imagine
    In my head
    That's so real
    In my head you are so real
    But you are not here
That is my virtual reality

In my dreams I see
    your beautiful face
    I fall in love with you so much
    In my dreams you are so real
    But you are not here
This is my virtual reality

In my dreams
    I touch your breast gently
    That excites me so much
    In my dreams the ecstasy is so real
    But you are not here
This is my virtual reality

Der Tag bricht an
    Ich mache die Augen auf
    und Du bist nicht da - auch so reell
    Ich bin traurig, sehr traurig
    Meine Tränen sind so reell
Das ist aber echte Realität

Dich gibt es irgendwo bestimmt
    Auch Du bist irgendwo einsam und allein
    Irgendwo bist Du reell
    Ich werde Dich überall suchen
    bis in die Ewigkeit
Das ist die wahre Realität

Rödelsee am 09.03.2017, um 17:00 Uhr

The morning dawns
    I open my eyes
    And you're not there - even so real
    I am sad, very sad
    My tears are so real
But that's true reality

I'm sure you are somewhere
    You too are lonely and alone somewhere
    You're real somewhere
    I will look for you everywhere
    to the eternity
That is the true reality

Markt Schwaben, dated 9th of March 2017 at 5 p.m.

Ja, ich war da

Wer ich war,
    zählt nicht mehr

Wer ich bin,
    auch nicht mehr wichtig

Wer ich sein werde,
    weiß ich auch nicht

Aber, ich war da,
    das einzige, das ich nun weiß

Denn ich war da,
    das einzige, das nun zählt

Überarbeitet in August 2021 in Augsburg

Yes, I was there

Who I was
 doesn't count anymore

Who I am,
 is also not important either

Who I am going be
 I do not know either

But I was there
 that's the only thing I know now

Because I was there
 that's the only thing that counts now

Revised in August 2021 in Augsburg

Der Glaube und Unglaube

Als Kind
    glaubte ich an alles

Als Jugendlicher
    glaubte an nichts

Wer ich sein werde,
    weiß ich auch nicht

Als Erwachsener
    glaubte ich nur an mich

Nun bin ich alt und zerbrechlich
    und glaube ich nun als selbst nicht

Überarbeitet in August 2021 in Augsburg

Yes, I was there

As a child
    I believed in everything

As a teenager
    didn't believe in anything

Who I will be
    I do not know either

Now I am old and fragile
    and now I don't believe in myself

Revised in August 2021 in Augsburg

Das lässt mein Herz höherschlagen

Fluss,
    der ewige Wanderer
    mit tiefen und flachen Wassern
    manchmal wild, manchmal tosend,
    manchmal ruhig,
    der meine unruhige Seele mit sich reißt
    mir das Endlose des Lebens zeigt
Das lässt mein Herz höherschlagen
    lässt mein Herz einfach zerspringen

Wind,
    der stürmisch Reisende
    mit sanften Brisen, mit heftigen Stürmen
    macht mir die Vergänglichkeit des Lebens bewusst
    Ist wie ein Vater,
    der Deine Wangen streichelt
    zärtlich Dein Haar berührt
Das lässt mein Herz höherschlagen
    lässt mein Herz einfach zerspringen

That makes my heart beat faster

River,
 The eternal wanderer
 With deep and shallow waters
 Sometimes wild, sometimes roaring,
 Sometimes quiet
 That carries my uneasy soul with it
 Shows me the endlessness of life
That makes my heart beat faster
 Just makes my heart burst

Wind,
 The stormy traveller
 With gentle breezes, with violent storms
 Makes me aware of the essentials of life
 Is like a father
 that caresses your cheeks
 touches tenderly your hair
That makes my heart beat faster
 Just makes my heart burst

Mond,
    der wunderbare Magier
    mit Zauberkräften und sanften Lichtstrahlen,
    der uns das Geheimnisvolle des Lebens offenbart
    Wie eine Mutter,
    die Dein Gesicht so lieb küsst
    über Deinen Kopf streichelt
Das lässt mein Herz höherschlagen
    lässt mein Herz einfach zerspringen

Du,
    das liebevollste Wesen
    das wunderbarste Wesen
    auf dieser Welt,
    die mir das Wesentliche des Lebens zeigt
    Deine Liebe so tief, Deine Liebe so wahr
    das macht mich unsterblich
Das lässt mein Herz höherschlagen
    lässt mein Herz einfach zerspringen

Moon,
The wonderful magician
    With magical powers and gentle rays of light
    Who reveals us the mystery of life
    Like a mother
    that kisses your face so dearly
    caresses your head
That makes my heart beat faster
    Just makes my heart burst

You,
    The most loving being
    The most wonderful being
    on this earth
    That shows me the essentials of life
    Your love so deep, your love so true
    That makes me immortal
That makes my heart beat faster
    Just makes my heart burst

Mein Herz,
    voller Gefühle bebt und bebt
    ich rede und rede dann wie ein Wasserfall
    Worte, Worte ohne Ende
    Glaub mir, das bin nicht ich
    das ist mein Herz, das so viel erzählt
    Dir ein wenig in meine Seele blicken lässt
Das lässt mein Herz höherschlagen
lässt mein Herz einfach zerspringen

Ich,
    Wenn es mich nicht mehr gibt
    sei bitte nicht traurig
    der Fluss, der Wind, der Mond,
    meine unruhige Seele
    werden alle bei Dir sein
    Dir meine Worte leise weiter zuflüstern
Das wird mein Herz immer noch höherschlagen lassen
    wird mein Herz einfach zerspringen lassen

Überarbeitet im August 2021 in Augsburg

My heart,
    trembles and trembles full of emotions
    I talk and talk then like a waterfall
    Words, words without end
    Believe me, it's not me
    That is my heart that tells so much
    That lets you see a little into my soul
That makes my heart beat faster
    Just makes my heart burst

Me,
    When I don't exist anymore
    Please do not be sad
    The river, the wind, the moon,
    my uneasy soul
    Everyone will be with you
    keep whispering my words to you
This will still make my heart beat faster
    Will just make my heart burst

Revised in August 2021 in Augsburg

Meine Art, Dich zu lieben

Schau:
    Der uralte Baum
    wie ein Greis
    meditiert vor sich hin
    Steht einsam und allein
    auf dem kahlen Berg
    Nichts ist weit und breit

Der alte Baum:
    Er wartet und wartet
    von Ewigkeit bis zur Unendlichkeit
    Wer mag wohl verstehen
    seine Einsamkeit, seine Sehnsüchte
    seine Träume
    sein Verlangen nach Liebe?

Der alte Baum:
    Er betet und betet
    für die Erfüllung seiner großen Liebe
    Der Wind, der Himmel, die Sterne, der Mond
    leiden mit ihm so sehr
    wissen nicht, ihn zu beruhigen,
    ihn zu trösten

My way of loving you

Look:
    The old tree
    Like an aged man
    Meditating to himself
    Standing lonesome and alone
    On the bare mountain
    Nothing is far and wide

The old tree:
    He waits and waits
    From eternity to infinity
    Who can understand?
    His loneliness, his longings
    His dreams
    His belongings for love?

The old tree:
    He prays and prays
    For fulfilling his great love
    The wind, the sky, the stars, the moon
    Suffer with him so much
    Do not know to calm him down
    To comfort him

Der Blitz:
    als Einziger weiß,
    ihn zu erlösen
    ihn von seinen Qualen,
    von seinem Leiden zu befreien
    "ich muss ihm helfen
    ich muss ihn befreien"

Schau nun:
    nun gibt es
    ihn nicht mehr
    Liebe, die Liebe
    die hat ihn zerstört …

Überarbeitet im August in Augsburg

The Lightning:
    The only one who knows
    to redeem him
    from his torments,
    to get rid of his suffering
    "I have to help him
    I have to free him"

Look now:
    Now he is
    no more there
    Love, oh love
    That has destroyed him...

Revised in August in Augsburg

Hätte ich doch nur einen Tag mehr

■

Hätte ich doch nur noch einen Tag mehr
würde ich in einem Teil davon meine Kindheit
wieder erleben
Mama, immer wieder das Gefühl erleben wollen,
als ich in Deinen Armen lag
keine Sorgen, keine Verantwortung
nur ich - ich durfte nur ICH sein
Von Dir so umsorgt werden, als ich Sterbens
krank war
Dich einfach als "Meine Mama" noch einmal erleben
Hätte ich doch nur noch einen Tag mehr
würde ich in einem Teil davon Mama nur bei Dir sein

■

Hätte ich doch nur noch einen Tag mehr
würde ich in einem Teil davon meine Liebe
wieder erleben
Mein Liebling, wieder das Gefühl erleben wollen
als ich in Deinen Armen lag
war alles voller Liebe, Himmel auf Erden
Nur DU und ICH - das völlige Eins sein.
Von Dir so umsorgt werden als ich traurig war
Dich einfach als "Meine Liebste" noch einmal erleben
Hätte ich doch nur noch einen Tag mehr
würde ich in einem Teil davon mein Liebling nur
bei Dir sein

■

If only I had one more day

If only I had one more day
    I would relive my childhood in a part of it
    Mama, want to experience the same feeling
    as I was in your arms
    no worries, no responsibilities
    Just me - I was allowed only to be ME
    To be so cared for by you as I was dying sick
    Just want to experience your again as "My Mom"
If only I had one more day
    I would only be Mom with you in a part of it

If only I had one more day
    I would experience my love again in a part of it
    My darling, want to experience that feeling again
    when I was in your arms
    everything was full of love, heavens on earth
    Just YOU and ME - completely one.
    To be taken care for by you as I was sad
    Just experience you again as "My Love"
If only I had one more day
    In a part of it I'd be my darling just with you

■

Hätte ich doch nur noch einen Tag mehr
   würde ich in einem Teil davon meine Freundschaft
   wieder erleben
   immer wieder das Gefühl erleben wollen
   als Du immer für mich da warst
   gabst mir stets Zuversicht und volles Verständnis
   Ich würde von Dir so getröstet werden, mein Freund,
   als ich sehr unsicher war
   Dich einfach als "Mein Freund" noch einmal erleben
Hätte ich doch nur noch einen Tag mehr
   würde ich in einem Teil davon mein Freund nur
   bei Dir sein

■

Hätte ich doch nur noch einen Tag mehr
   würde ich in einem Teil davon mein Leben
   wieder erleben
   Mein Schöpfer, immer wieder das Gefühl erleben
   als Du mir den Weg aufzeigtest,
   ein guter Mensch zu sein
   Von Dir geleitet werden, mein Schöpfer,
   diese Erde und das Leben zu verlassen
   Dich einfach als "Mein Ewiger Begleiter" erleben
Hätte ich doch nur noch einen Tag mehr
   würde ich in einem Teil davon mein Schöpfer
   bei Dir sein

■

Überarbeitet in August 2021 in Augsburg

■

If only I had one more day
    I would experience my friendship again in a part of it
    want to experience the feeling again and again
    when you were always there for me
    and gave me confidence and full understanding
    I would be so comforted by you my friend
    when I was very insecure
    Just experience yourself again as "My Friend"
If only I had one more day I would be in part of it my
    friend only be with you

■

If only I had one more day
    I would experience my life again in a part of it
    My creator, keep reliving the feeling
    when you showed me the way
    to be a good person
    to be guided by you, My Creator,
    to leave this earth and life
    Experience you simply as "My Eternal Companion"
If only I had one more day I would be in a part it
    My Creator only be with you

■

Revised in August 2021 in Augsburg

Bright star, would I were stedfast as thou art

Bright star, would I were stedfast as thou art--	Bright Star, Du hell leuchtender Stern, wäre ich doch so standhaft und beständig wie DU --
Not in lone splendor hung aloft the night And watching, with eternal lids apart, Like nature's patient, sleepless Eremite, The moving waters at their priest like task Of pure ablution round earth's human shores, Or gazing on the new soft-fallen mask Of snow upon the mountains and the moors --	Doch nicht wie Du, der in einsamer Pracht, schwebt um hoch droben in der Nacht mit ewig offenen Lidern wie ein geduldiger, schlafloser Einsiedler der Natur, der die fließenden Gewässern bei ihrem priesterlichen Reinigungsritual unserer Erde zuschaut oder auf den Neuschnee, auf den Bergen, Moor und Feld starrt

No--yet still steadfast, still unchangeable, Pillow's upon my fair love's ripening breast, To feel for ever its soft fall and swell, Awake forever in a sweet unrest, Still, still to hear her tender-taken breath,	Nein, doch ewig beständig und ewig unwandelbar läge ich auf der weichen Brust meiner Liebsten Für immer sein sanftes Fallen und Anschwellen zu fühlen, für immer wach in ruheloser Lust ewig, ewig im Ohr den zarten Atemzug erlebend, - - in voller Genuss
And so live ever--or else swoon to death	Und ewig so zu leben -- oder in den Tod zu sinken

John Keats spricht zu dem Polarstern (am hellsten leuchtenden Stern) und drückt seinen Wunsch aus, ewig so standfest und beständig wie der Stern zu sein, während er auf die Brust seiner schlafenden Geliebten ruht. Der drückt aus, dass er sie ewig bis zum Tode liebt. Er stellt seiner ewigen Liebe nur den Tod als Alternative dar.

Das Gedicht wurde im Februar 1819 veröffentlicht.

Übersetzt in Markt Schwaben, am 27.05.2013 um 23:00 Uhr

La Belle Dame sans Merci
- die wunderhübsche ohne Gnade

Oh, what can ail thee, knight-at-arms, Alone and palely loitering? The sedge has withered from the lake, And no birds sing.	Was schmerzt Dich so sehr, O, Du tapferer Ritter Warum so einsam und allein, Dein Gesicht so bleich, ziellos herumlungernd, wo das Schiff am See zusammengeschrumpft wo kein Vogel mehr singt?
Oh, what can ail thee, knight-at-arms, So haggard and so woe-be gone? The squirrel's granary is full, And the harvest's done.	Was schmerzt Dich so sehr, O, Du tapferer Ritter so erschöpft und ausgezehrt und Deine Trauer so tief, obwohl die Kornkammer des Eichhörnchens voll und die Ernte getan?

"I met a lady in the meads, Full beautiful - a faery's child, Her hair was long, her foot was light, And her eyes were wild.	"Ich traf eine edle Dame – das Kind einer Fee - am See mit Honig und Wasser ihr Haar war lang und so sanft, ihr Gang so leicht und ihre Blicke so wild
I made a garland for her head, And bracelets too, and fragrant zone; She looked at me as she did love, And made sweet moan.	Ich flöchte ein Kränzchen für ihr Haupt, auch Armbänder mit verzauberndem Duft Sie sah mich an, als liebe sie mich so sehr und seufzte so vor sich hin
I set her on my pacing steed, And nothing else saw all day long, For sidelong would she bend, and sing A faery's song.	Ich hob sie auf mein schreitendes Ross und alles was ich sah, das war nur sie, an mich seitwärts lehnend sang sie das Lied der Fee

She took me to her elfin grot, And there she wept and sighed full sore, And there I shut her wild wild eyes With kisses four.	Sie führte mich in ihre Elfen-Grotte, dort weinte sie und seufzte mit vollem Schmerz Darauf schloss ich ihre wilden, wilden Augen mit Küssen vier
And there she lulled me asleep And there I dreamed - Ah! woe betide! - The latest dream I ever dreamt On the cold hill side.	Sie wiegte mich in den Schlaf und ich träumte - ganze Nacht voller Leid -, Das war der letzte Traum, den ich jemals hatte, auf der kalten Hügelseite
I saw pale kings and princes too, Pale warriors, death-pale were they all; They cried - 'La Belle Dame sans Merci Hath thee in thrall!'	Ich sah Könige so bleich, auch die Prinzen, bleiche Ritter Alle waren so todbleich, sie weinten und schrien 'La Belle Dame sans Merci - die wunderhübsche Dame ohne Gnade - hält dich in Banne'

I saw their starved lips in the gloam, With horrid warning gaped wide, And I awoke and found me here, On the cold hill's side.	Ich sah ihre verhungerten Lippen in der Abenddämmerung mit schrecklicher Warnung starrten weit Und ich erwachte und fand mich hier auf der kalten Hügelseite
And this is why I sojourn here Alone and palely loitering, Though the sedge is withered from the lake, And no birds sing."	Darum muss ich hier bleiben so einsam und allein, das Gesicht so bleich, ziellos herumlungernd, wo das Schiff am See zusammengeschrumpft wo kein Vogel mehr singt"

Eine der schönsten Balladen der Welt von John Keats. Diese Ballade wurde 1819 geschrieben und 1820 überarbeitet.

John Keats schrieb diese sehr eindrucksvolle Ballade " La Belle Dame sans Merci" in Dialogform. In den ersten drei Strophen wird der Ritter angesprochen. Der Rest ist die Antwort des Ritters.

Die Ballade ist im mittelalterlichen Stil geschrieben. Es gibt keine fairen Damen, triumphierende Affären noch gutaussehende Ritter. Stattdessen zeigt John Keats eine dunkle Geschichte von einem Ritter, der eine schöne Verführerin getroffen hat, beschrieben am besten als der Tod.

Übersetzt in Markt Schwaben, am 14.02.2013 um 00:30 Uhr um Euch von John Keats zu begeistern